Cirugía Estética Consciente

Conselhos, sugestões, dicas práticas de
planejamento e cuidado durante
o pré e pós-operatório.

Contém listas de verificação e planejamento
projetado para ajudar cada etapa do processo
passo a passo.

Título original: Planejador de Cirurgia Plástica. Cuidados pré e pós-operatórios.

Versão original abril de 2012

Direito de autor Registro 9802

Data: 25/05/2012

Registro 017717

República Bolivariana da Venezuela

Direcção Nacional de Direitos de Autor

Registro de Propriedade Intelectual

Caracas Venezuela

 Atualização de 2019

Cirurgia Estética Consciente

Conselhos, sugestões, dicas práticas de planejamento e cuidado durante o pré e pós-operatório.

Edição 1 Portugues, 2019

Criado, traduzido e publicado por: Ileana Pérez , 1977

Valência - Venezuela

Prefácio

A razão fundamental que me inspirou a realizar este trabalho foi criar uma ferramenta prática e útil, com informações simples para quem deseja preparar e concluir um procedimento estético com sucesso, para que ele possa fornecer uma maneira mais consciente de experimentar e planejar cada uma das fases do processo, além de cuidar dos resultados que serão permanentes e em quase todos os casos irreversíveis.

Este manual não tenta ampliar tópicos específicos sobre cirurgia plástica, nem substitui indicações, procedimentos ou prescrições médicas fornecidas por qualquer especialista. Não sou médico nem especialista na área estética. É um trabalho estruturado a partir de minha própria experiência com cirurgia plástica e minhas habilidades de planejamento e organização. Condensei as informações da Web, fundindo-as com meus próprios conhecimentos e experiências, para criar o melhor guia prático possível do que funcionou para mim, e você pode aproveitar ao máximo.

Ao longo da leitura, você encontrará o ¡Plus! que fornecem informações concretas, completamente empíricas e práticas para tornar o processo mais confortável.

Seguindo a minha ideia, projetei 3 Listas de verificação muito completas que você pode ter em mãos para ajudá-lo, indicando passo a passo tudo o que você deve saber, fazer e precisará antes, durante e após o procedimento cirúrgico, para evitar omitir qualquer detalhe importante.

Da mesma forma, a alteração na sua imagem implica um investimento, para isso, crie um simples "Planejador de Despesas". Nele, você pode capturar os custos que terá que cobrir; dessa forma, você pode formar uma idéia de quanto dinheiro deve ter e ter um guia para organizar suas finanças de maneira consciente e saudável.

Por fim, projetei um "cronograma para tratamento pós-operatório" simples e prático, que serve como suporte para atender a ingestão de medicamentos de maneira organizada e que permitirá a você e à pessoa encarregada de ajudá-lo a manter um controle seguro da ingestão nas horas precisas.

Você receberá todas essas ferramentas no final deste trabalho.

Meu desejo é que este material simples seja o mais útil e contributivo possível. E que você possa ser feliz ao longo do caminho.

Sucessos!

Ileana Pérez Bruguera

Licenciada em RRHH

Terapeuta Sistêmico - Constelação familiar

- Terapias Integrativas e de Exploração Pessoal

- Facilitador de Expansão da Consciência

- Empreendedor

Valencia, Venezuela

Agosto, 2019

Para perguntas , dúvidas e conselhos, entre em contato através domeu e mail : ilo.mpb@gmail.com
Instagram e Twitter : @ iloperez

¿O que você precisa saber antes de uma cirurgia plástica?

A cirurgia estética inclui procedimentos que se tornaram mais comuns ao longo dos anos, uma solução para quem, através do bisturi, quer melhorar o rosto ou o corpo, seja por beleza, saúde, vaidade, bem-estar, malformações genéticas, sequelas de doenças ou sequelas acidentais.

Como qualquer intervenção cirúrgica, envolve a tomada de decisões e, consequentemente, seus riscos. Portanto, é essencial começar fazendo todas as dúvidas e perguntas necessárias antes de passar por uma operação ou procedimentos dessas características.

Grande parte do sucesso de uma cirurgia plástica está no conhecimento, análise e planejamento de cada fase do processo a ser seguido e em ter as respostas que ajudarão a fazer a melhor escolha e obter sucesso nela.

Em seguida, revise os seguintes pontos básicos e algumas perguntas necessárias para levar em consideração na tomada de decisões, levante suas próprias dúvidas e preocupações, anote-as e investigue. Não fique sozinho com o que eu levanto neste material.

1.- Escolha o Cirurgião.

Antes de escolher o médico que fará uma operação, é importante que você verifique o treinamento que ele possui, isso se refere às credenciais dele, à Universidade da qual ele se formou como médico e como Especialista em Cirurgia Plástica, se ele pertence à Associação de Cirurgia Plástica do seu país e se ele tiver as licenças e os seguros necessários. Isso deve ser adicionado ao conhecimento que você tem sobre seu desempenho profissional, sua qualidade ética e pessoal e os resultados das cirurgias que realizou.

Atualmente, e graças às redes sociais, você pode verificar a experiência do cirurgião no procedimento que deseja executar e os resultados que está tendo com seus pacientes, além de verificar se o centro médico tem tudo o necessário para esses procedimentos. Muitos têm seu próprio site, pesquisam, leem os comentários de seus pacientes, não ficam sozinhos com recomendações de boca em boca.

2.- Saiba quais são os possíveis riscos e complicações.

Cada tipo de cirurgia plástica tem riscos associados, geralmente gerenciáveis, mesmo por esse motivo, você como paciente não deve ocultar nenhuma patologia, doença ou uso de substância anterior ao seu médico, para que ele esteja ciente das possíveis complicações na cirurgia estética a realizar.

3.- ¿Quantos procedimentos posso realizar em uma única cirurgia?

É muito importante que você consulte o médico quantas e quais procedimentos você pode executar, é necessário saber quantas horas de anestesia você será exposto, quais são os riscos que cada uma das cirurgias que você deseja possui e como a recuperação de cada um deles (tempo, tipo de atendimento, limitações nas atividades da vida diária, etc.).

4.- ¿Que tipo de tratamentos e controles pós-cirúrgicos eu preciso?

Quando você pergunta sobre as cirurgias de seu interesse, normalmente não é levado em consideração que uma chave super importante para recuperação e resultados são os tratamentos pós-cirúrgicos. Ao planejar sua cirurgia, leve em consideração o tempo necessário para realizar os tratamentos. e controles necessários, esses tratamentos complementares aceleram a recuperação e melhoram os resultados da cirurgia.

5.- ¿Que cuidados especiais devo seguir após a cirurgia?

O trabalho realizado pelo cirurgião é muito importante para os resultados da cirurgia, no entanto, os cuidados que você tem no pós-operatório também definirão os resultados. Em geral, lembre-se de que você deve evitar atividades de movimentos bruscos e fortes, deve comer de maneira saudável e equilibrada, deve ter descanso e tranquilidade, evitar sair durante os primeiros dias após a cirurgia e, se o fizer, procurar meios de transporte confortável e cuidadoso, você deve realizar seus tratamentos pós-cirúrgicos em tempo hábil, deve usar os acessórios especiais recomendados pelo médico; em resumo, deve seguir as instruções fornecidas pelo seu médico.

6.- ¿Quando posso retomar minhas atividades após uma cirurgia plástica e quanto tempo levará a recuperação?

Você deve saber como serão as primeiras 24 a 48 horas, também como quando poderá retornar ao trabalho, para realizar atividades que exijam esforço e o tempo necessário para obter resultados definitivos.

A última palavra é o cirurgião, por isso é essencial que você tome o tempo que ele recomenda e siga as instruções para que seu processo de recuperação se ajuste ao cronograma, é essencial que você assista os controles com seu médico imediatamente e se tiver qualquer desconforto manifesta-o imediatamente. Você também deve se lembrar que a recuperação total não ocorre instantaneamente após a prática da cirurgia, é necessário um tempo mínimo de 3-6 meses para saber qual será o resultado final.

7.- ¿Quais são as suas expectativas em relação ao resultado da cirurgia?

Este ponto é talvez um dos mais importantes a serem considerados, sugiro fazer um exercício criterioso para se perguntar o que você está procurando e espera quando se submete a uma cirurgia plástica a partir do seu desejo, o critério de alguns é muito diferente dos outros, não você pode tomar sua decisão porque seu melhor amiga/o ou seu parceira/o recomenda, você pode levar em consideração a opinião dele, mas a necessidade e a decisão devem ser apenas suas. Além disso, você deve ter certeza de como deseja o resultado e discuti-lo com o cirurgião dias antes da cirurgia, você não pode se deixar levar apenas por modelos ou estereótipos de beleza, levar em conta que cada corpo tem sua própria beleza de acordo com sua genética, forma e memória, ajustar suas expectativas e evitar a frustração de não ter alcançado o que você realmente queria.

8.- ¿À hospitalização e necessidade de cirurgia?

Uma cirurgia plástica avançou para o sossego e barrancos, cirurgias que anteriormente exigiam vários dias de hospitalização, deixando apenas procedimentos de rotina que podem ser realizados em nível ambulatorial, em vez de minimizar os cuidados a serem tomados após a operação. Discuta a consulta de definição com sua cirurgia, a importância da necessidade de ser hospitalizado. Em muitos casos, eu recomendo a cirurgia para evitar ou risco de infecção, mas é recomendável mergulhar uma cirurgia grande e recomendar suas instruções.É importante permanecer interno, conversar com seu médico e discutir como diminuir os riscos de executar-lo ou não. Qualquer cirurgia deve ser mais do que o seu orientador e você deve confiar na experiência e não no histórico dele.

9.- ¿Preciso verificar meu estado de saúde antes da cirurgia?

Este ponto é fundamental. É muito importante que você realize os exames e exames complementares indicados (eletrocardiograma, radiografia de tórax, exames laboratoriais, entre outros), qualquer resultado negativo nessa verificação é um indicador de que não é hora de operar, pois sua saúde pode estar em risco. Se você estiver pensando em viajar para outro país para realizar um procedimento estético, verifique com o seu médico pessoal que está nas condições ideais para viajar e operar, não deixe de fazer os exames no país em que vai operar, é muito arriscado e as consequências eles podem ser fatais.

10.- ¿É seguro operar em outro país?

O setor de turismo médico evoluiu nos últimos anos de uma maneira surpreendente; hoje é comum as pessoas viajarem para países diferentes, buscando serviços de muito boa qualidade a preços mais baixos do que os encontrados em seus países de origem. Existem muitos países que Eles se posicionam pela alta qualidade dos serviços que oferecem, além de contar com toda a infraestrutura para abrigar o turista e proporcionar uma experiência muito agradável. Se você está pensando em viajar para algum lugar para realizar cirurgia plástica, investigue mais sobre o setor de Turismo Médico naquele país, não tome a decisão de viajar sem conhecer a organização da cidade onde você viaja em termos de turismo e segurança, infraestrutura de hotéis, clínicas, transporte, verifique o que encontrará quando chegar e tente procurar aconselhamento especializado para organizar sua viagem. Encontre uma empresa de turismo médico que possa acompanhá-lo no processo e ajudá-lo em cada uma de suas necessidades.

11.- Se eu optar por viajar, ¿quais requisitos a empresa ou pessoa que me oferece o serviço de Turismo Médico?

- Verifique se é uma empresa legalmente constituída e certificada no país em que oferece o serviço.

- Verifique se eles trabalham com fornecedores totalmente certificados: é essencial que os fornecedores cumpram todos os requisitos e os regulamentos do país em que oferecem o serviço.

- Requer que seja elaborado um documento ou contrato que defina os serviços que eles oferecerão a você e o valor que você cancelará, é importante ter certeza do que eles oferecem e que, quando você chegar à cirurgia, eles não exigirão mais dinheiro ou você será levantado a necessidade de serviços que não foram mencionados no processo de seleção.

- Verifique o tipo de serviço que eles oferecem. Qualquer que seja sua condição econômica, você deve ter um atendimento de excelente qualidade. A solução oportuna de suas necessidades e problemas, e a sensação de ser um VIP também contribuirão para os resultados de sua viagem e sua cirurgia.

Depois de ter todas as suas dúvidas claras, o próximo passo é começar a construir e planejar o caminho para a cirurgia.

Abaixo, você encontrará todas as informações que considero relevantes a serem consideradas. Ter clareza e segurança em cada uma das etapas permitirá criar um caminho mais leve e mais consciente durante todas as etapas do processo. Você também encontrará o que chamei de ¡PLUS !, são recomendações especiais da minha experiência para tornar sua experiência mais confortável e amigável.

Para cada um dos estágios que criei Listas de Verificação, eles contêm todas as informações necessárias para que, de maneira prática, fácil e organizada, você possa adaptar seu tempo em cada uma das etapas a serem seguidas e não perca nenhum detalhe. Você os encontrará no final deste trabalho.

Vamos lá, vamos começar!

Preparando o pré-operatório

• 4-6 semanas antes da cirurgia.

Nesta primeira etapa, você deve procurar ser muito claro sobre os seguintes pontos:

-O principal é ter uma comunicação clara e aberta com o cirurgião, o que permite equilibrar suas expectativas com os resultados reais e, assim, esclarecer quaisquer dúvidas ou preocupações sobre o procedimento, recuperação e resultados. É muito importante que informe o seu médico se sofrer de alguma doença ou patologia.

-Certifique-se de consultar o médico dos medicamentos que não podem consumir antes da cirurgia.

-Pergunte ao seu cirurgião se ele aprova a ingestão de Arnica e Centella Asiatica no período pós-operatório, estas são ervas sem receita, excelentes e úteis para se recuperar de inchaços e contusões.

-Se você fuma, deve parar de fazê-lo nesta fase (recomenda-se um mês antes da cirurgia). A nicotina possui ação vasoconstritora que estreita os vasos periféricos, dificultando a nutrição dos tecidos. Fumar reduz os níveis de oxigênio no sangue, o que inibe a cicatrização e torna o processo de cicatrização e recuperação substancialmente mais lento.

- Cuide e prepare seu corpo, é essencial seguir uma dieta adequada à base de vegetais e frutas, especialmente aquelas com maior teor de vitamina C, essenciais para uma boa cura. Enriqueça sua dieta com as proteínas existentes em carnes, grãos e ovos. Todos esses alimentos básicos são essenciais para produzir colágeno e, assim, recuperar os tecidos após a intervenção.

-Cuide e prepare sua pele, use cremes ou loções hidratantes 2 a 3 vezes ao dia. Hidratantes pré-natais ou reafirmantes são ideais para nutrir a pele antes das alterações cirúrgicas. Da mesma forma, se a cirurgia for no rosto, cuide da pele com hidratantes e protetor solar.

- Procure e adquira de acordo com o seu tipo de cirurgia os suportes pós-operatórios especiais recomendados pelo médico, como cinto, sutiã, faixa elástica, etc. No mercado, existe uma grande variedade de fornecedores desse tipo de item; em alguns casos, existem médicos que os fornecem e os incluem no orçamento para a cirurgia.

¡Plus 1!

É recomendável comprar um par, por exemplo: 2 cintas ou 2 soutiens. Lembre-se de que pelo menos você os usará por um mês inteiro e é necessário que você não fique a qualquer momento, fora de sua limpeza pessoal, sem eles. Leve em consideração que as feridas drenam e o próprio suor do corpo criará maus odores, a higiene pessoal é muito importante para evitar infecções. Isso oferece a oportunidade de que, enquanto você coloca uma roupa, pode lavar a outra.

-Se o seu período menstrual for por volta da data fixa da cirurgia, informe o médico. Isso causa mais sangramento durante a cirurgia e seria melhor se você soubesse com antecedência que essa é sua condição. Alguns cirurgiões plásticos também podem querer que você use um absorvente interno em vez de um absorvente ou agende uma cirurgia fora do período menstrual.

-Certifique-se de providenciar que alguém o acompanhe e dirija de e para o local onde a operação será realizada e tenha um acompanhante que possa ajudá-lo na primeira semana após a cirurgia plástica. Isso deve ser planejado com antecedência, pois, no caso de alguém cancelar, você ainda tem tempo suficiente para encontrar uma substituição. Verifique se o seu acompanhante possui uma lista de cuidados pós-operatórios com antecedência. (Na Lista de verificação 2, você tem todas as informações necessárias, quando vai à consulta antes da cirurgia, tem uma cópia para si e uma para o seu acompanhante).

-Se você tem filhos pequenos, deve ter uma pessoa que cuide deles por pelo menos uma semana. Lembre-se de que você estará em repouso até que seu médico o indique e nos dias seguintes você deve continuar o tratamento.

• Uma semana antes da cirurgia.

¡Plus 2!

Certifique-se de pedir ao seu médico a prescrição ou prescrição com medicação para dor pós-operatória e antibióticos. É muito útil ter o tratamento em casa ou no local em que você já terá sua recuperação, não a deixe para depois, tenha cuidado. Eu recomendo que você compre um dispensador de comprimidos e use o Programa de Tratamento Pós-Operatório que eu projetei para você com as horas das injeções, para ajudá-lo e ajudar seu companheiro a evitar confusão no dia da cirurgia e nos dias seguintes de tratamento.

- Faça os arranjos de transporte para o dia seguinte à cirurgia para comparecer à primeira consulta com seu cirurgião plástico. A maioria dos cirurgiões quer ver seus pacientes no dia seguinte à cirurgia. Providenciar que alguém o leve e traga, também é aconselhável que alguém o acompanhe até o escritório em sua primeira visita pós-operatória.

-Organizar e agendar consultas para os dias seguintes, nos quais você realizará os procedimentos pós-operatórios indicados pelo médico: sessões de drenagem linfática, curas, ultrassons, etc.

¡Plus 3!

Você pode ter em mãos uma almofada térmica para o alívio das áreas contraídas pelo estresse pós-operatório. Existem alguns no mercado feitos à mão recheados de sementes e ervas para desinflar. Isso pode ser muito útil para relaxar os músculos, você pode usá-lo no pescoço ou nas costas para relaxar quando achar necessário. Use-o envolto em um pano ou toalha para evitar o contato direto com a pele, ataduras ou cinto.

-É ideal ter um ambiente acolhedor e tranquilo, por isso recomendo que você organize seu quarto e mantenha-o limpo. Você pode ter em mãos algum dispositivo para ouvir música relaxante ou sua música favorita, velas ou saches aromáticos, literatura, filmes e revistas. Sirva-se de manter a mente ocupada, em harmonia e tranquilidade nos primeiros dias após a intervenção.

-Verifique se sua casa está bem equipada com alimentos saudáveis nos primeiros dias ou com os alimentos que o cirurgião indicou, seus produtos de higiene pessoal, os detergentes que você usa para fazer a limpeza e a lavagem, etc. e tudo o que você precisa para evitar fazer compras por pelo menos uma semana. Eu recomendo que você consuma muito abacaxi, é uma cura diurética e natural por excelência, além de morangos e laranja.

¡Plus 4!

Ao liquefazer os sucos, você pode adicionar uma faixa de pimentão vermelho, isso aumentará suas defesas e fortalecerá seu sistema imunológico.

-Tem disponível infusão de camomilal ou tília e bolachas, você pode ter náusea após a cirurgia e durante a noite. Beber pequenas quantidades de infusões e comer biscoitos salgados ajuda a lidar com esse momento.

-Você pode comprar uma mesa de cama se não tiver uma em casa. Será muito útil consumir refeições confortavelmente nos primeiros dias.

-Não consuma bebidas alcoólicas pelo menos uma semana antes da cirurgia, pois as bebidas alcoólicas diminuem as defesas imunológicas e alteram os valores normais do corpo.

-Os medicamentos para dor podem causar prisão de ventre em algumas pessoas, certifique-se de obter um laxante suave ou natural para os cuidados pós-cirúrgicos. Mencione isso também ao seu cirurgião plástico. Certifique-se de beber muita água, isso ajudará a combater a constipação e manter-se hidratado.

¡Plus 5!

Prepare kit de primeiros socorros caseiro. Verifique com seu médico para não fazer despesas desnecessárias. Você pode incluir no kit:

- Compressas de gazes estéreis.
- Iodo de povidona ou outra substância anti-séptica.
- Sabão líquido anti-bacteriano.

- Tesoura de ponta arredondada.
- Papel absorvente.
- Solução fisiológica / Solução salina.
- Seringa para extrair solução salina da garrafa sem contaminá-la.
- Adesivo Micropore - Antialérgico.
- Luvas de látex descartáveis.
- Gel de mão antibacteriano.

-Adquire protetores de cama descartáveis. Eles são muito úteis para não manchar os lençóis e o colchão, lembre-se de que as feridas drenam o fluido corporal e o sangue nos primeiros dias, para que sua cama fique seca e limpa.

- Descanse bastante, principalmente na semana anterior à cirurgia plástica, e seu corpo passará por muito estresse e você precisará conservar toda a energia necessária para a recuperação. Eu recomendo alguns dias antes de fazer uma massagem anti-estresse ou, se você tiver um parceiro, peça uma boa massagem na noite anterior.

-Eu recomendo ter um sedativo natural e infusões à base de valeriana, tília, camomila ou alguma fervura relaxante nas noites antes e após a cirurgia, você precisa estar alerta, mas relaxado e / ou descansado. Isso ajudará você a dormir melhor e organizar tudo com tranquilidade e equilíbrio emocional, além de enfrentar as mudanças e os momentos de estresse que você pode experimentar. Da mesma forma, verifique com seu cirurgião com antecedência.

-Certifique-se de ter um ou dois travesseiros adicionais, isso ajudará nas posturas para dormir após a cirurgia, pois você não deve dormir com o corpo totalmente deitado. No caso de procedimentos nas nádegas, é útil ter uma almofada redonda e oca no centro, adequada para pessoas com problemas de hemorróidas.

-Se você se barbeia, tente fazê-lo preferencialmente uma semana antes da cirurgia, pelo menos três dias antes da cirurgia.

¡Plus 6!

Você deve saber que provavelmente não poderá tomar banho entre 48 a 72   horas após a cirurgia. Mantenha lenços umedecidos (toalhas molhadas de   bebê) para esfriar ou manter as mãos limpas sem precisar ir ao banheiro; também existem para adultos e para limpar as áreas íntimas, para que você   se sinta mais confortável e fresco.

-Se você for à praia ou se expor ao sol, tente o máximo possível, sem excessivo, para não tomar banho de sol, proteja bem a pele com produtos que contenham filtros de alta proteção UVA e UVB para evitar que a pele se lasque o dia da cirurgia.

• O dia antes da cirurgia.

-Verifique se não está faltando nada sugerido em todas as recomendações anteriores, confie nas suas Listas de Verificação.

-Organize sua mesa de cabeceira ou o local mais confortável para receber toda a medicação e agendar as doses de tratamento pós-operatório.

-Coloque roupa limpa para a sua cama e travesseiros. Tenha toalhas de banho limpas na mão.

¡Plus 7!

Para ajudá-lo a sair da cama:

Use uma toalha ou pano de tamanho médio para colocar na cama embaixo   do corpo enquanto está deitado, cobrindo as costas dos ombros até a   cintura. Essa técnica é muito útil para a pessoa que vai ajudá-lo a sair da   cama   durante   a recuperação, pois você só deve levar e puxar seu corpo   para a frente, lentamente, pelas extremidades laterais da toalha. A toalha   suporta o seu peso das costas e costas para incorporar facilmente. Lembre-   se de que ficará muito dolorido e não deve ser forte para se levantar.   (Experimente antes da cirurgia com alguém ou com a pessoa que cuidará   de você, é muito fácil e acredite que você irá valorizá-la).

-Organize uma bolsa com seus itens pessoais que você levará ao Centro Médico, como documentos pessoais, dinheiro ou cartões de débito e crédito, cinto, sutiã, faixa pós-operatória, etc. Tire todas as suas jóias, não precisará delas, é melhor deixá-las em casa para evitar perdê-las. Quanto menos coisas você precisar para carregar melhor, leve o essencial.

- Deixe as roupas que você está vestindo prontas. Prepare roupas largas, elásticas, macias e fáceis de colocar e remover, de preferência um macacão ou calça larga, e blusa ou jaqueta ou botão com a abertura voltada para a frente. Roupas em que você deve levantar os braços para colocá-los, ou mangas compridas, não são recomendadas. Isso é muito importante. Você ficará muito dolorido, evite usar roupas apertadas; elas serão quase impossíveis de usar quando estiver pronto para ir para casa.

-Eu recomendo que você tenha 2 travesseiros e um cobertor no veículo em que voltará para casa para tornar a viagem mais confortável e acolhedora.

-Lembre-se de comer de forma saudável e leve neste dia e não coma nada depois das 18h, você deve jejuar na cirurgia. Se você sentir muita fadiga, ingerir infusões, chá natural ou muita água.

- Tome banho com água morna antes de dormir, depile as áreas íntimas e nas axilas, se ainda não o fez, é mais aconselhável fazê-lo um ou dois dias antes. Se a sua cirurgia for um aumento do peito pela axila, tenha muito cuidado para evitar cortes, mesmo que pequenos, pois podem ser uma ferida aberta para bactérias penetrarem através deles.

- Coloque o despertador para acordar em um bom momento e chegar a tempo no horário programado para a cirurgia. Sem estresse!

- Deite-se e durma cedo, é importante que descanse bem na noite anterior à cirurgia.

· **O dia da cirurgia.**

-Siga as instruções do seu cirurgião plástico por um momento antes da cirurgia plástica.

-Certifique-se de tomar banho e lavar seu corpo inteiro com sabão antibacteriano, não use nenhum tipo de creme ou hidratante corporal. Sua pele deve estar totalmente limpa e livre de qualquer substância.

-Não coloque maquiagem.

-Pegue todo o cabelo em um rabo de cavalo ou coque para evitar que ele se enrole com alguma coisa ou atrapalhe após a cirurgia estética (no caso de você vomitar e / ou obter mais conforto ao colocar e remover a tampa cirúrgica).

-É essencial que você esteja com seu acompanhante ou motorista, lembre-se de que não deve dirigir para o local onde fará a cirurgia ou voltar para casa. Além disso, você precisará de alguém para ajudá-lo durante todo o processo.

Após o término do procedimento, passamos para o estágio mais importante que é a sua recuperação e seus cuidados. Acredito que este é o estágio "chave" para não colocar em risco os resultados, sua saúde e sua imagem. Abaixo, apresento uma visão geral sobre a recuperação, também detalho pontos e recomendações muito importantes que você deve conhecer e levar em consideração no caminho para uma recuperação bem-sucedida.

<u>Visão geral da recuperação após a cirurgia.</u>

• Primeira etapa da sala de recuperação.

Para os pacientes com anestesia mais profunda e sedativos, a recuperação imediata da cirurgia plástica será dividida em duas etapas. No primeiro estágio, você ainda estará "fora de tudo", incapaz de conversar e incapaz de sentar e beber líquidos.

Dependendo da cirurgia, você pode estar muito adormecido, com dores e com sede. O tremor é comum estando nu na sala de operações durante a cirurgia ou como uma reação à anestesia.

Sua garganta pode doer (se você tiver intubação orotraqueal) e sua boca pode estar muito seca.

Na primeira fase da recuperação, eles podem lhe dar analgésicos ou um calmante por via intravenosa. Eles também podem oferecer pedaços de gelo para a sede (não é permitido beber líquidos devido aos riscos de afogamento) e cobertores quentes para frio ou tremor.

Normalmente, nesta fase, as visitas ainda não são permitidas.

• Segunda etapa da sala de recuperação

Quando os sedativos desaparecerem, você estará cada vez mais consciente.

Eles permitirão que você beba suco ou água, e você provavelmente poderá ver seu companheiro.

À medida que sua condição melhora e você pode sentar e beber líquidos, a enfermeira irá ajudá-lo a se vestir.

Alguns médicos ou enfermeiros querem ter certeza de que você pode urinar antes de deixar o local, principalmente se você tiver colocado um cateter na bexiga durante a cirurgia. (Isso obviamente não se aplica se você voltar para casa com o tubo inserido, uma prática comum após uma abdominoplastia).

• Tratamentos pós-operatórios.

Toda intervenção cirúrgica envolve uma agressão em maior ou menor grau ao organismo que quebra a homeostase interna e precisa de um tempo de recuperação. Esse tempo pode variar de alguns dias em pequenas intervenções a várias semanas em grandes intervenções.

Todos os dias, mais cirurgiões plásticos incorporam fisioterapeutas, esteticistas ou massoterapeutas à sua equipe ou encaminham seus pacientes para centros especializados. A experiência mostra que os tratamentos pré e pós-operatórios, quando realizados por pessoal competente, aceleram a recuperação, reduzem o desconforto e, em alguns casos, melhoram os resultados da intervenção. Em nenhum caso a pessoa que realiza os tratamentos substitui o cirurgião plástico no acompanhamento dos pacientes, nem a equipe de enfermagem nas curas pós-operatórias.

O cirurgião que realizou a intervenção deve conhecer a natureza dos tratamentos e dar sua autorização para recebê-los.

• Nutrição após a cirurgia.

Se você estiver hospitalizado, siga as recomendações da equipe médica. Em geral, após uma intervenção cirúrgica, o alimento deve conter principalmente; Fácil assimilação de carboidratos (arroz, macarrão) e proteínas (carne, peixe, ovos). Os carboidratos fornecem a energia necessária para o reparo e as proteínas da matéria-prima. Você deve beber muitas frutas e legumes.

É importante a ingestão de líquidos, água, sucos (não açucarados) e infusões. Se a urina após a intervenção for densa e amarela, devemos aumentar a ingestão de líquidos até que a urina esteja limpa.

Após a cirurgia, o cirurgião indica tomar antibióticos para prevenir infecções. Antibióticos destroem a flora intestinal. Tome iogurte; especialmente aqueles enriquecidos com Lactobacillus ou bifidobactérias, podem ajudar a regenerar a flora bacteriana intestinal danificada por antibióticos, além de estimular o sistema imunológico.

• Recomendações nutricionais de acordo com o tipo de intervenção.

Após a abdominoplastia, evite alimentos que causam gases, pois o abdômen distendido pode causar desconforto. Infusões de erva-doce ou camomila com anis podem aliviar os gases. É conveniente fazer várias refeições leves por dia. É comum que os pacientes submetidos à cirurgia de abdominoplastia com a plicatura do reto abdominal sejam removidos antes de comer, devido à pressão da plicação no estômago.

Após lipoaspiração ou lipoescultura, é aconselhável fazer refeições com pouca gordura, a fim de evitar os adipositos (células que armazenam gordura) que permanecem após a intervenção da hipertrofia (ampliar). Lembre-se que em adultos as células adiposas não se reproduzem, mas podem hipertrofia. Uma dieta adequada acompanhada de exercício físico melhora os resultados da intervenção.

Após o lifting facial ou ou cirurgias faciais, os primeiros dias podem custar para mastigar ou abrir a boca; É aconselhável comer alimentos macios, como massas, sopas ou purés.

Para o restante das intervenções, recomenda-se uma dieta saudável e equilibrada, com pouca gordura e sal.

· Sexo após a cirurgia.
O tempo de retomada da atividade sexual após a cirurgia depende do tipo de intervenção, recuperação e tipo de relacionamento sexual que você deseja ter. Embora pareça óbvio, devo esclarecer que não é o mesmo manter relações sexuais do que tocar ou pressionar as áreas operadas durante a relação sexual.

Às vezes, devido à ansiedade causada pela operação, o ciclo menstrual é modificado pelo avanço ou atraso. Isso deve ser levado em consideração pelas mulheres que não usam meios contraceptivos.

¡Plus 8!

Você deve tomar cuidado se tomar contraceptivos e vomitar após a anestesia, pois o efeito contraceptivo pode ter sido cancelado. A maioria dos cirurgiões suspende a ingestão de contraceptivos orais um mês antes da cirurgia, muitas mulheres engravidam no pós-operatório, são cautelosas e têm preservativos à mão para protegê-lo em suas relações sexuais.

Nas cirurgias faciais (facelift, rinoplastia, bicectomia etc.), alguns cirurgiões contraindicam a relação sexual no pós-operatório imediato. As relações sexuais podem aumentar a pressão sanguínea e esse aumento causa sangramento ou um pequeno hematoma. Após 5 ou 6 dias, eles podem começar a ficar.

Para cirurgias corporais, o senso comum e o desejo ou interesse pelo sexo devem orientar os pacientes.

Leve em consideração algumas dicas para os tipos mais comuns de cirurgias:

Após a cirurgia das mamas: as mamas não devem ser tocadas abruptamente, desde que sejam edematizadas (inchadas) e dolorosas ao toque. Você precisa ser especialmente cuidadoso nos primeiros dias. As carícias no peito ajudam a mulher a normalizar a sensibilidade e o casal a "perder o medo". Tocar bruscamente pode causar dor e aumento da inflamação. Recomendamos que, até que os pontos sejam removidos ou a sutura externa dos pontos reabsorvíveis seja cortada, as mamas não sejam tocadas.

Após 20 dias, você pode começar com carícias suaves; depois de 4 semanas, você pode jogar mais com o desconforto. Nas primeiras semanas, pode haver uma hipersensibilidade irritante nos mamilos que desaparece gradualmente e pode condicionar a relação sexual. Após 6 ou 7 semanas, os seios podem ser tocados normalmente, desde que não sejam incômodos.

Após uma abdominoplastia: Durante as primeiras semanas, certas posturas sexuais podem ser dolorosas. Não é conveniente que o casal se coloque em cima da pessoa operada, pressionando o tecido recém-operado por pelo menos um mês e meio.

Após a lipoaspiração: A pressão nas áreas recém-operadas deve ser evitada durante as primeiras semanas. Por exemplo, a pressão na parte interna das coxas pode ser irritante se a lipoaspiração tiver sido realizada sobre elas.

Após a cirurgia facial: durante os primeiros dias, pode ser irritante abrir a boca devido a inflamação e suturas internas ou externas. O contato sexual deve ser evitado durante a primeira semana.

Após a rinoplastia: a pressão no nariz deve ser evitada durante o primeiro mês; portanto, tenha cuidado com beijos e abraços.

• Curas e kit doméstico.

As curas no pós-operatório são de responsabilidade da equipe médica e de enfermagem. Eles são responsáveis pela execução: as primeiras curas, a proteção de feridas, a remoção de pontos (se houver), a colocação de curativos e quaisquer outras medidas necessárias.

Nos dias seguintes, você ou, de preferência, a pessoa que o auxilia, deve cuidar da lavagem das feridas e, se necessário, da aplicação de curativos para cobrir as cicatrizes.

MUITO IMPORTANTE: Essas recomendações são orientadoras. Em caso de dúvida, consulte seu cirurgião ou sua enfermeira. Se essas recomendações contradizerem as fornecidas pelo cirurgião plástico ou pelos membros da equipe, você deve sempre seguir as recomendações fornecidas por eles·

· Recomendações de limpeza de feridas.

Antes de lavar ou cobrir as feridas, lave as mãos com um produto anti-séptico ou com água e sabão. O material a ser utilizado deve ser preparado, disposto em uma superfície de fácil acesso.

¿Como lavar feridas?

As feridas devem ser lavadas com soro fisiológico, soluções anti-sépticas ou água potável. Se a solução salina for utilizada, o soro será extraído do frasco com a ajuda de uma seringa para não contaminar o conteúdo. Seu cirurgião ou sua equipe de enfermagem recomendará o mais apropriado.

É necessário secar a ferida, é feita com gaze, dando toques pequenos e macios, nunca com algodão, pois pode haver fios na ferida.

Como desinfetar feridas?

Depois que a ferida é lavada e seca, é aplicado o iodo povidona ou o anti-séptico recomendado pela equipe médica. Para fazer isso a uma distância de cerca de 10 cm. o conteúdo é derramado diretamente ou aplicado com uma gaze embebida em anti-séptico. O algodão não deve ser usado, pois os fios de algodão podem permanecer na ferida.

¿Como cobrir cicatrizes e feridas?

As cicatrizes devem ser cobertas nos primeiros dias para evitar sujeira. Gaze estéril ou curativos de papel podem ser usados.

A colocação dos curativos depende do tipo de intervenção e cicatriz. Em geral, os curativos devem ser colocados paralelamente à cicatriz. Quando houver edema ao redor da cicatriz (cicatriz periareolar), deve-se colocar curativos para reduzir o edema.

Os curativos não devem ser colocados nas cicatrizes se você estiver supurando ou aberto (a menos que seja avisado pelo médico); nesses casos, eles devem ser cobertos com gaze impregnada com um produto anti-séptico e aguardar a equipe de enfermagem nos atender. Possíveis feridas pós-cirúrgicas: bolhas, necrose, etc. eles devem ser cobertos com gaze e aguardar a equipe médica ou de enfermagem realizar as curas apropriadas.

• Depressão pós-operatória.

Às vezes, após a cirurgia estética, algumas pessoas sofrem de pequenos sintomas depressivos que duram alguns dias, embora possam durar várias semanas.

Um dos responsáveis por esse humor é a alteração do esquema e da imagem corporal, após a cirurgia. A cirurgia estética pode mudar a imagem do nosso corpo. Essa alteração ocorre requer um período de adaptação. A primeira visão das áreas operadas não ajuda nesse processo, pois o tecido pode ser encontrado com hematomas, edema e inflamação; mostrando um aspecto que não tem nada a ver com o resultado final. A visão do tecido recém-operado no pós-operatório imediato às vezes faz com que sentimentos de tristeza ou depressão desapareçam à medida que a aparência do tecido melhora.

Além disso, devido à ansiedade e ao estresse pré-operatório, certas alterações biológicas podem ocorrer com uma grande produção hormonal (cortisol) que gera um tipo de síndrome de abstinência quando tudo volta ao normal e diminui a produção hormonal.

Nas mulheres com filhos pequenos, além dos sintomas depressivos, os sentimentos de culpa e remorso costumam ser exagerados, pensando que algo pode ter dado errado e que os filhos podem ter sofrido "o egoísmo da mãe".

Se, além da alteração estética inicial, há uma incapacidade leve para atividades diárias ou alterações significativas na sensibilidade do tecido, esses sentimentos depressivos também podem aparecer. A maioria das pessoas não sofre desses sintomas depressivos e seu humor dificilmente é influenciado pela cirurgia.

Embora não sejam frequentes para evitar ou reduzir esses sintomas depressivos, é aconselhável:

- Cerque-se de amigos ou familiares que entendem as razões pelas quais operamos e nos deram seu apoio e compreensão.

-Evite as pessoas que se opõem à intervenção e que continuamente nos dizem: "você não precisava ter operado".

-Encontre apoio na equipe médica que realizou a intervenção, eles estão acostumados a esse tipo de situação e saberão aconselhá-lo.

-Aceite as mudanças de humor, pensando que são temporárias. É importante aceitar como parte da recuperação que podemos ter "moral baixa" por alguns dias.

-Leia livros e artigos de auto-ajuda, que permitem fortalecer sua auto-estima e autoconfiança.

A oração e o contato com Deus sempre são importantes para fortalecer seu espírito. Dependendo de suas crenças, confie nas leituras e práticas de sua escolha.

Tenha paciência! Por mais rápida e eficiente que tenha sido a operação, você deve estar preparado para enfrentar edema e hematomas pós-cirúrgicos, além de qualquer desconforto físico. Em duas ou três semanas, edema e hematomas geralmente diminuem francamente.

Caminhando no pós-operatório.

Já em casa, você é responsável por cuidar dos resultados. As informações a seguir o ajudarão a apoiar um processo de recuperação assertivo, saudável e equilibrado. Colocar em prática sua Lista de Verificação Pós-Operatória e o Programa de Tratamento, o ideal é tê-los em mãos, tanto para você quanto para a pessoa encarregada de ajudá-lo.

Lembre-se de que cuidar de você garantirá resultados satisfatórios.

• A primeira semana.

-Siga a fórmula médica dada pelo seu especialista e evite qualquer outro medicamento sem antes consultar o seu cirurgião.

-Em caso de desconforto ou alteração no curso normal do processo de recuperação, entre em contato diretamente com o cirurgião ou sua equipe,

-Peça ajuda para se levantar e ir para a cama, evite fazê-lo sozinho. Use o Plus! Eu o recomendei com a toalha ou o pano como suporte de peso.

- Ande com ajuda desde os primeiros dias e evite períodos prolongados de quietude.

- No primeiro dia, especialmente, faça uma dieta líquida ou macia e, em seguida, você pode continuar com uma dieta equilibrada e com muitos líquidos.

¡Plus 9!

Os *canudos plásticos são muito confortáveis e úteis para beber líquidos   sem esforço.

* Cilindro de plástico descartável para beber líquidos (sorvete, palha,   lâmpada, cana, calimete).

-É muito importante evitar a exposição ao sol e ao calor; você não deve cozinhar por pelo menos três semanas, bem como passar roupas ou se expor ao calor do secador de cabelo. Após a primeira semana, se você quiser ir ao salão de beleza, coloque uma toalha, se possível um pouco úmida, sobre o corpo, do pescoço para baixo, para evitar que o calor atinja as áreas afetadas.

- Sempre use suportes especiais (elásticos ou suportes pós-operatórios) de acordo com as recomendações do médico.

- Participar TOTALMENTE dos controles e sessões de tratamento pós-operatório.

-Evite movimentos bruscos e exercícios fortes durante os primeiros dias, pois isso pode afetar a recuperação em algumas áreas do corpo que foram intervencionadas.

-Quando o seu médico lhe disser que você pode tomar banho, lave-o com água morna e lave o corpo com sabão antibacteriano, seque muito bem, sem apertar a pele e cure imediatamente as curas de feridas de acordo com as recomendações do seu médico. Não coloque nenhum tipo de hidratante ou loção corporal nas áreas afetadas.

É normal que ocorram os seguintes sintomas:
-Sentir dor, desconforto, pressão e queimação. Tudo isso deve ser aliviado com o tratamento e depois de decorridos os dias, se esse não for o caso ou se aumentar de intensidade, informe o seu médico.
-Aumento leve da temperatura (até 38,3ºc) nas primeiras 48 horas, em caso de apresentar uma temperatura mais alta e persistente, informe o seu médico imediatamente.
-Se você tiver tubos de drenagem, eles serão preenchidos com sangue ou soro.
- Pequeno sangramento e / ou secreção sero-sanguinolenta da cicatriz nas primeiras 48 horas.
-A presença de edema e hematomas. Isso diminui progressivamente, consome diuréticos naturais, como abacaxi e bebe muitos líquidos. Evite alimentos muito salgados.

¡Plus10! ((a critério do médico)

A arnica na apresentação de globulite ajuda a reduzir contusões e aliviar a   dor localizada. Coloque 7 glóbulos embaixo da língua 3 vezes ao dia. Você   também pode usar Arnica Gel ou pomada na pele com hematomas, nunca   em feridas ou cicatrizes. Estes podem ser adquiridos em lojas de alimentos   naturais ou em redes de farmácias. A arnica é uma *planta medicinal que é um dos remédios fitoterápicos mais comuns para aliviar a dor inflamatória.*

Você deve saber que:

-O tratamento a que deve cumprir durante o tempo e com as doses recomendadas, caso se sinta mal, contacte o seu médico para o alterar.

-Os drenos são removidos entre 24 e 72 horas após a intervenção, dependendo do grau de sangramento.

-Todas as suturas são removidas por volta do sétimo dia, dependendo do tipo de intervenção.

É importante:

-Evite molhar as áreas afetadas fora do banho diário.

-Dormir ou descansar semi-sentado / ou com a cabeça levemente elevada, evitando posições laterais.

-Você não deve se curvar ou carregar objetos pesados (inclui carregar ou levantar crianças).

• Semanas consecutivas.

Para manter o resultado a longo prazo, um estilo de vida saudável deve ser adotado com protetor solar, exercícios, dieta equilibrada e hábitos saudáveis, que se refletirão em uma melhor imagem, bem-estar e beleza.

-Você não poderá dirigir veículos por duas ou três semanas, dependendo da Intervenção.

-Você não deve fazer movimentos bruscos ou carregar peso por um mês.

-As atividades esportivas e de exercício devem começar entre o segundo e o terceiro mês. Verifique com seu médico.

-Você não deve fumar ou consumir bebidas alcoólicas por um mês.

-Evite a exposição ao sol e ao calor por seis semanas.

-Depois de decorrido o tempo recomendado, sempre coloque um bom protetor solar nas cicatrizes antes de se bronzear.

Procedimentos estéticos mais comuns e seu período pós-operatório.

Nesta seção, você encontrará cada tipo de cirurgia entre as mais comuns, para que você possa se aprofundar mais, mas de maneira simples, de acordo com o procedimento que escolher.

· **Cirurgia de Mamas.**

· **Mamoplastia de Aumento.**

A mamoplastia de aumento é uma intervenção pela qual o tamanho da mama aumenta, introduzindo implantes na mama.

A incisão cirúrgica, ou seja, o local onde os implantes ou próteses mamárias são inseridos pode ser: a borda inferior da aréola, a axila ou o sulco submamário. As cicatrizes resultantes são quase imperceptíveis na maioria dos casos. O implante pode ser colocado sob o peitoral maior (posição submuscular), abaixo da fáscia peitoral (posição subfascial) ou entre a glândula e a fáscia (posição sublandular).

Para acomodar o implante, o cirurgião deve criar um espaço chamado bolso. Para isso, pode ser necessário liberar algumas fibras musculares ou a fáscia que as cobre.

O implante mamário pode ser preenchido com gel de silicone ou solução salina. De acordo com sua forma, os implantes (ou próteses mamárias) são classificados como redondos ou anatômicos.

Os implantes podem ser diferenciados de acordo com sua superfície em: liso (a superfície de contato é lisa, sem irregularidades) e áspero ou texturizado (a superfície de contato é irregular).

A intervenção é realizada sob anestesia geral ou com sedação local mais.

· Pós-operatório.

Nos dias após a intervenção, você pode sentir desconforto ou dor semelhante às feridas. A mama apresenta edema que determina que o volume final é menor do que o mostrado nos primeiros dias. Além do tórax, o resto do tórax pode estar inchado, especialmente a área das costelas e do esterno.

Os implantes na posição subpeitoral geralmente causam um período pós-operatório mais irritante e lento do que os implantes na posição subglandular ou subfascial.

Pode haver uma perda de sensibilidade na mama a estímulos táteis ou térmicos e uma diminuição na sensibilidade erógena no mamilo que está se recuperando lentamente. Em raras ocasiões, essa perda de sensação pode ser permanente. Algumas mulheres após a operação obtêm maior sensibilidade erógena em seus seios, possivelmente como resultado de uma melhora na auto-estima e na percepção da imagem corporal. Também é comum sentir uma hipersensibilidade irritante na aréola do mamilo antes de qualquer estímulo, a sensibilidade normal é gradualmente recuperada. As áreas onde a incisão foi feita podem ter falta de sensibilidade por algumas semanas.

A presença do implante cria uma alteração no esquema e na imagem corporal que necessita de um pequeno período de adaptação. É normal, a princípio, parecer estranho no espelho e ter uma sensação corporal estranha. Depois de algumas semanas, os implantes são sentidos como seus.

Alguns cirurgiões realizam um curativo de compressão que é removido após alguns dias. Quase todos recomendam o uso de sutiãs especiais dia e noite, e evite sutiãs com fio por dois meses. A evolução do peito pode condicionar o tipo de sutiã a ser usado.

Às vezes, uma faixa de compressão é usada para ajudar a baixar um tórax um pouco alto. Esta banda só deve ser usada se prescrita pelo cirurgião plástico e não porque outra mulher a tenha usado.

As mulheres lactantes descritas no pós-operatório imediato como uma sensação semelhante ao aumento do leite estão remetendo lentamente.

É necessário dormir de costas e semi-sentado nas primeiras semanas após a cirurgia. Esse fato aumentou a tensão pós-operatória e o "medo de algo acontecer"; faz com que uma "má postura" se adapte e que muitas vezes surjam dores nas costas e no pescoço.

Durante os primeiros dias, é aconselhável não levantar objetos pesados ou praticar esportes ou atividades violentas; seu cirurgião, dependendo do tipo de intervenção e evolução, aconselhará o mais conveniente.

· Mastopexia

Mastopexia é a operação na qual os seios caídos se elevam. Para fazer isso, o excesso de pele do peito deve ser removido. Pode ser complementado com um reforço interno usando tecido glandular, muscular ou a fáscia que circunda o músculo. Se necessário, os implantes mamários são usados para dar mais volume.

As cicatrizes resultantes dependem do tipo de intervenção realizada, podem ser peri-areolares com extensão vertical ou peri-areolares com T invertido.

· Período pós- operatório

Nos dias subseqüentes é intervenção pode n sentir desconforto ou dor como cadarços. A mama apresenta edema que determina que o volume final é menor do que o mostrado nos primeiros dias. Além do tórax, o resto do tórax pode estar inchado, especialmente a área das costelas e do esterno. Pode n apare hematomas cer que leva n 15 a 30 dias reabsorvidos.

Os seios não têm uma recuperação simétrica, sempre serão mais irritantes ou mais bonitos, com o tempo se igualarão.

Alguns procedimentos cirúrgicos podem fazer com que a mama apareça irregular e artificialmente no pós-operatório imediato. À medida que o edema é reabsorvido e a glândula reajustada, a aparência melhora.

A cicatriz pode parecer irregular durante as primeiras semanas, especialmente a cicatriz que circunda a aréola. Isso significa que a aréola pode ter uma forma irregular e, com o passar dos dias, adotará sua forma circular típica.

É comum a aréola mostrar edema durante as primeiras semanas. A cicatriz circundante dificulta temporariamente a sua drenagem linfática.

Após 10 dias, os pontos externos (se houver) serão removidos. Se a sutura for interna, nenhum ponto será removido.

Como resultado dos processos internos de cicatrização, as zonas de fibrose podem aparecer em áreas onde o tecido foi removido, que são gradualmente reabsorvidos.

As mulheres fumantes podem sofrer problemas de cura, por isso é muito importante parar de fumar nas semanas antes e após a intervenção.

O aparecimento de dor e tensão muscular nas costas e pescoço é frequente como resultado da tensão e da ansiedade pré e pós-operatória, das alterações posturais durante o sono e como conseqüência da postura "defensiva" que a mulher adota por medo de machucá-la. seios

As alterações de sensibilidade nas áreas operadas são normais, geralmente há uma perda temporária nas áreas próximas à cicatriz. Com o tempo, a sensibilidade normaliza

S olo ele pode tomar um banho quando o cirurgião autorizado, os primeiros dias da du chas ser curto e, idealmente, não tomar banhos longos não suavizar cicatrizes.

Durante os primeiros dias, é aconselhável não carregar pesos, praticar esportes ou atividades violentas; seu cirurgião, dependendo do tipo de intervenção e evolução, aconselhará o mais conveniente.

· Mamoplastia redutora.

A mamoplastia redutora é a intervenção pela qual é remodelada e reduz o tamanho das mamas. Além de buscar uma melhoria estética nas proporções de figura e corpo, busca-se acabar com os danos físicos ou psicológicos que podem levar a um tórax muito grande. A aréola também costuma ser reduzida para obter um resultado mais harmonioso.

Existem várias técnicas cirúrgicas para realizar uma redução da mama e dependem principalmente da quantidade de tecido a ser removido, da queda da mama e da forma e proporções do peito e do corpo da mulher. A técnica utilizada determina a posição e o tamanho da cicatriz. Pode ser: peri-areolar com extensão vertical, peri-areolar com T invertido ou peri-areolar com L.

· Pós-operatório.

O ato cirúrgico causa uma lesão nos tecidos que causa o aparecimento de um edema. Algumas equimoses (hematomas)

podem ocorrer ao redor da aréola, no peito ou nos lados que serão reabsorvidos nos dias seguintes.

Após a intervenção, o peito pode ser enfaixado ou um sutiã colocado para controlar o inchaço do peito e mantê-lo seguro. O sutiã deve ser usado dia e noite por um período que varia de um a dois meses.

Após 10 dias, os pontos externos (se houver) serão removidos. Se a sutura for interna, nenhum ponto será removido.

O formato do peito está mudando, você deve esperar vários meses para apreciar o resultado final. A recuperação dos dois seios geralmente não é simétrica, sempre um peito fica um pouco mais duro ou mais inchado e um se recupera antes do outro.

É comum a perda temporária de sensibilidade na aréola e no mamilo e nas áreas da mama próximas à cicatriz; essa sensibilidade está se recuperando ao longo das semanas seguintes. Com alguns procedimentos cirúrgicos nas mamas que precisam de uma grande redução, pode haver uma perda permanente da sensação. Algumas mulheres experimentam um aumento temporário na sensibilidade que é gradualmente normalizada.

A partir da segunda semana, pode aparecer fibrose (você notará dureza sob a pele), geralmente próxima à cicatriz. Essa fibrose desaparece após alguns meses.

A pele deve cuidar dos hidratantes e proteger as cicatrizes do sol durante os primeiros meses.

A mamoplastia redutora pode reduzir a capacidade de amamentar ou até cancelá-la.

· Reconstrução mamária.

Reconstrução mamária pós-mastectomia em um conjunto de procedimentos cirúrgicos e estéticos que reconstroem uma mama total ou parcialmente removida como resultado do tratamento terapêutico ou preventivo do câncer de mama.

A intervenção visa devolver a feminilidade das mulheres, aumentando a autoestima e recuperando o esquema corporal.

A reconstrução mamária pode ser iniciada no mesmo procedimento cirúrgico da mastectomia (reconstrução imediata) ou posteriormente, semanas, meses ou anos depois (reconstrução tardia).

Existem procedimentos diferentes que incluem o uso de implantes e / ou tecido do paciente para reconstrução mamária.

• Pós-operatório.

O tipo de intervenção determina o período de recuperação, internação e presença de drenos. A cirurgia com o tecido do próprio paciente requer mais tempo de recuperação.

O aparecimento de edema é comum devido a trauma cirúrgico, a possível remoção de linfonodos pode aumentar o edema na área interveniente e desencadear o linfedema a curto ou longo prazo.

Se as sessões de radioterapia foram recebidas, o tratamento anterior à cirurgia de preparação da pele pode ser recomendado, porque após a radioterapia a pele pode parecer mais fina, inelástica e com aderências. Esses tratamentos pré-cirúrgicos ajudam a preparar o tecido para a cirurgia.

Mastectomia, cirurgia axilar ou cirurgia com tecido autólogo podem causar limitações funcionais que requerem tratamento fisioterapêutico adicional.

Os tempos de recuperação variam de acordo com as características da cirurgia reconstrutiva.

É importante retornar gradualmente às atividades diárias seguindo as recomendações da equipe médica.

• Linfedema pós-mastectomia

O edema é um acúmulo de líquido no meio intersticial. Coloquialmente se refere a ele como inchaço. Quando a causa é um mau funcionamento do sistema linfático é chamado linfedema.

O linfedema pós-mastectomia é causado pela interrupção ou desaceleração do fluxo linfático do braço como resultado de radioterapia ou linfadectomia (remoção dos linfonodos axilares).

O linfedema pode aparecer imediatamente, após cirurgia axilar ou radioterapia, pode aparecer meses ou anos depois ou nunca aparecer. Às vezes, há uma causa desencadeadora: um furo no braço, uma pequena infecção, etc.

Quando as mãos são apresentadas originalmente, elas geralmente são a área afetada que detecta o linfedema, uma vez que os dedos ou as costas da mão incham levemente ou substancialmente.

Quando ocorre no braço, sob a axila, no cotovelo ou no antebraço, inicialmente pode passar despercebido para o paciente.

Uma maneira fácil de autodiagnóstico é dobrar os cotovelos e colocá-los em frente ao espelho, observando que ambos têm o mesmo volume e contornos.

O diagnóstico médico é importante se houver outras doenças ou complicações associadas (doenças de retorno venoso, infecções, etc.)

Tratamento para linfedema.

Felizmente, a maioria dos linfedemas tem tratamento manual. Quanto mais cedo o tratamento for iniciado, maior a chance de sucesso. Com o tratamento adequado, o membro afetado pode ter um volume semelhante ao não afetado.

Linfedemas pequenos são mais fáceis de tratar. Às vezes, a paciente com autodrenagem linfática pode mantê-la sob controle.

O protocolo de tratamento consiste em: drenagem linfática manual, cinesioterapia (exercícios de reabilitação), bandagens ou mangas de contenção, cinesiotape e cuidados com a pele.

A drenagem linfática (DLM) é uma técnica manual que consegue reabsorver o edema e permite que o líquido acumulado seja redirecionado para áreas livres de edema.

Os exercícios de reabilitação permitem manter o tônus muscular no braço afetado e na mobilidade articular.

Ataduras ou luvas de contenção são um complemento ao DLM e permitem controlar e reduzir o edema.

A pele deve ser cuidada, pois qualquer ferida pode causar uma infecção que levará mais tempo para cicatrizar, e o linfedema pode ser agravado.

Precauções para impedir que apareça.

As linhas a seguir descrevem as precauções que qualquer mulher deve ter com um linfedema pós-mastectomia ou com risco de desenvolvê-lo.

Ao fazer manicure: Cuidado extremo deve ser tomado ao executá-lo. Qualquer ferida, por mínima que seja, leva mais tempo para cicatrizar e a possibilidade de infecção é alta. Quando a infecção ocorre, existe um risco de linfedema ou aumento.

* Se a manicure for realizada no braço afetado. As seguintes recomendações devem ser seguidas escrupulosamente:

-Não devem ocorrer ferimentos.

-O material será esterilizado antes de cada sessão.

-Evite empurrar e cortar as cutículas. Uma infecção fúngica (fúngica) pode ocorrer.

-Não use unhas artificiais (porcelana, gel, etc.), pois podem ser uma fonte de infecção por fungos.

Ao depilar: As mulheres afetadas por linfedema não devem raspar a cera na axila do braço afetado, o motivo é que, após a foliculite por remoção de pêlos (infecção dos poros da pele), pode ocorrer. Em uma mulher saudável, a foliculite não tem consequências importantes e desaparece em alguns dias, mas pode ser prejudicial quando existe o risco de desenvolver linfedema.

-Não é conveniente fazer a barba com uma faca devido ao perigo de infecção ou produzir pequenos cortes na pele que edematicen o tecido.

-Também não é recomendado a depilação elétrica, pois a picada da agulha pode causar microedema e sobrecarregar o membro afetado. A depilação ideal para essas mulheres é com barbeador elétrico, laser ou luz pulsada

Ao fazer massagens: A massagem vigorosa não deve ser feita no braço do linfedema afetado. Essas manobras podem edematar o tecido e ferir os vasos linfáticos. A drenagem linfática manual é sempre indicada quando realizada por um especialista.

Além das atividades descritas acima, você deve:

-Evite traumas, picadas de insetos e queimaduras.

-Não retire a tensão ou faça extrações de sangue, nem injeções ou agulhas de acupuntura.

-Evite excesso de peso. Pessoas obesas têm maior risco de desenvolver edema linfático. Limite a ingestão de sal.

Cuidados com a pele extremos, pois possui menos defesas.

-Não use relógios, pulseiras ou anéis no braço afetado.

-Não carregue peso excessivo no braço afetado.

-Use luvas de borracha na cozinha ou no jardim.

-Não costure, se for essencial usar dedais.

-Usar a bolsa no lado oposto do braço afetado.

- Levante levemente o braço à noite (colocando um travesseiro sob o cotovelo e o antebraço no peito).

- Levante e apoie o braço quando estiver sentado.

-Use roupas com mangas largas e sutiãs sem alças que prendem nas costas.

-Evite excesso de calor e frio. Evite mudanças bruscas de temperatura.

-Não durma do lado com linfedema.

- Aplique alguns minutos de autodrenagem diariamente.

• Abdominoplastia.

A abdominoplastia é o procedimento cirúrgico que corrige as deformidades da parede abdominal causadas por alterações de peso, gestações, cirurgias anteriores, etc.

Na intervenção, o excesso de pele e a gordura acumulada são removidos e, se necessário, a musculatura da parede abdominal é reparada para dar firmeza.

A extensão da cicatriz resultante é diretamente proporcional à quantidade de tecido que foi removido.

É realizada com anestesia geral ou peridural com sedação.

• Pós-operatório.

Durante a intervenção, serão colocados drenos que serão removidos nos dias seguintes.

Pode ser necessário hospitalizar por dois a três dias. No dia seguinte à intervenção, a pessoa pode se levantar e andar.

Após a intervenção, é colocada uma cinta que deve ser usada durante todo o dia e noite por cerca de três semanas e mais uma semana apenas à noite. O cinto só deve ser removido para curas pós-operatórias, revisões e massagens. Dependendo da evolução do tecido e das características da operação, esse tempo pode ser prolongado ou reduzido. Usar a cinta por mais tempo do que o recomendado não melhora o resultado da intervenção e pode atrasar a recuperação.

Durante o período pós-operatório, pode-se sentir tensão ou tensão abdominal, especialmente quando se junta ou se torna totalmente ereto, é aconselhável adotar uma postura semi-deitada para dormir ou sentar.

O trauma cirúrgico causa um edema no abdômen, principalmente na área da cicatriz, que está diminuindo gradualmente. Como resultado da possível limitação na circulação linfática causada pela cicatriz e dos danos ao sistema linfático causados na intervenção, ela pode ser mantida por várias semanas.

É normal que o edema na região abdominal aumente ao longo do dia, especialmente se você passa muito tempo em pé e diminui à noite enquanto dorme. Quando deitado, facilita a circulação linfática no abdômen.

O aparecimento de seroma durante os primeiros dias é frequente devido ao descolamento do tecido, geralmente é extraído por punção. Seromas pequenos são reabsorvidos pelo organismo.

Geralmente, há uma alteração na sensibilidade, com uma sensação de pinçamento e perda de sensação no abdômen central e inferior. A sensibilidade recupera lentamente ao longo dos meses seguintes. Em grandes abdominoplastias, pode haver uma perda permanente de sensação.

Você não deve fumar na semana anterior à operação e no pós-operatório. O tabaco dificulta a oxigenação e a chegada de nutrientes à pele da área operada, razão pela qual há um risco maior de complicações na cicatrização ou necrose gordurosa e a regeneração dos tecidos será mais lenta

Dor ou desconforto nas costas é frequente, como resultado da postura curvada que a pessoa adota nos primeiros dias, embora a cintura desempenhe a função de apoio, ajudando a prevenir a dor.

É conveniente fazer várias refeições por dia em pequenas quantidades, para evitar tensão no abdômen e reduzir a ingestão de alimentos que podem produzir gases.

Recomenda-se fazer pequenos passeios desde os primeiros dias, para exercícios físicos mais intensos, serão esperados pelo menos um mês e as recomendações do cirurgião plástico serão seguidas.

A cicatriz, durante as primeiras semanas, pode ser encontrada inchada e vermelha. Ao longo dos meses, a aparência melhora e pode se tornar quase imperceptível.

A presença da tira faz com que a pele seque, por isso é aconselhável o uso de hidratantes, uma vez autorizados pela equipe médica.

• Lipoaspiração e lipoescultura.

A lipoaspiração é a intervenção na qual a gordura localizada é extraída, conseguindo reduzir o acúmulo dela. A extração é realizada usando cânulas de ponta arredondada especialmente projetadas para minimizar os danos nos tecidos. A remoção de gordura deve ser feita de maneira homogênea para evitar irregularidades na pele.

Nos locais onde as cânulas foram introduzidas, é necessário dar um ponto que é removido após 10 dias. Esses pontos são inestimáveis após algumas semanas.

• Pós-operatório.

No final da lipoaspiração, é colocado um cinto de contenção, que deve ser usado 24 horas por dia, sem interrupção, por aproximadamente 3 semanas e depois outra semana apenas à noite. A cinta será removida apenas para higiene pessoal, exames médicos e sessões de tratamento pós-operatório. Às vezes, em lipoaspirações de grandes quantidades ou sob prescrição médica, é necessário usar a cinta por mais tempo. Prolongar o uso da cinta sem recomendação médica não melhora o resultado da intervenção. O objetivo da cintura é controlar o inchaço e ajudar a pele a se adaptar ao novo contorno.

O aparecimento de equimoses (hematomas ou cardeais) é normal, às vezes cobrindo uma grande área; Ocorre devido à ação da cânula no tecido e será reabsorvido nas próximas semanas. O sol direto deve ser evitado nessas áreas para evitar o aparecimento de manchas.

A lipoaspiração forma um edema (inchaço) que leva várias semanas para reabsorber. Por esse motivo, os resultados obtidos começam a ser observados após 15 dias, quando começa a reduzir o edema. Aguarde alguns meses para ter uma idéia clara do resultado final.

Zonas de fibrose podem se formar, geralmente perto de onde houve incisões para a cânula, mostrando-se como áreas duras ao toque. Eles desaparecerão após algumas semanas. Os tratamentos de recuperação reduzem a fibrose em menos tempo.

A perda parcial e temporária da sensação na pele por alguns dias é normal, recuperando progressivamente. Algumas pessoas afirmam ter "sensação de cortiça" na pele. Massagens pós-operatórias contribuem para normalizar a sensibilidade nas áreas intervenientes.

O período pós-operatório da lipoaspiração pode ser um pouco chato no começo, mas geralmente não é doloroso. Em algumas pessoas, existem pontos muito localizados de dor leve que desaparecem com o tempo. Ocasionalmente, aparecem áreas mais inflamadas que produzem mais desconforto. Em qualquer caso, o cirurgião pode prescrever analgésicos (nunca aspirina). Os tratamentos de drenagem linfática reduzem ou eliminam esses desconfortos.

Às vezes, eles sentem formigamento ou coceira, possivelmente o resultado da cura interna. Também a sensibilidade na pele pode ser alterada, normalizando com o tempo.

É aconselhável fazer caminhadas com sapatos confortáveis (sem salto) o mais rápido possível, para fazer exercícios físicos mais intensos, você deve esperar um mês.

Fibrose após lipoaspiração.

Em termos gerais, a fibrose nada mais é do que a formação excessiva de tecidos fibrosos, gerada por uma patologia que consiste em problemas circulatórios, que por sua vez estimulam a produção de colágeno ou também como resultado de inflamação crônica.

Quando aparece como conseqüência de um procedimento estético externo, é chamado de fibrose pós-cirúrgica, concentra-se principalmente na área de cicatrizes, onde se forma mais tecido fibroso do que o necessário e pode causar dor intensa.

No entanto, é necessário enfatizar que o endurecimento pós-cirúrgico da área onde o corte foi realizado é normal durante os primeiros dias ou semanas ou o tempo necessário para o processo de recuperação, mas é uma condição que, com o tempo, e em quase todos os casos com o apoio de massagens indicadas anteriormente, está melhorando.

Pode até haver casos em que a presença desse tecido seja irregular, porque a inflamação nem sempre é equilibrada em toda a área em operação. E se for uma cirurgia que envolve afinamento, a velocidade com que é administrada também pode afetar a primeira aparição e, de acordo com os cuidados pós-operatórios, a imagem final.

Qualquer pessoa submetida a lipoaspiração ou suas variantes (lipoescultura, abdominoplastia, etc.) desenvolverá fibrose, e isso ocorre porque, quando as cânulas removem a gordura, geralmente criam feridas internas cujos tecidos devem se regenerar.

Como resultado, hematomas e edemas são formados dentro do corpo que, quando curados, se manifestam do lado de fora como inchaços endurecidos que deformam o resultado final da cirurgia.

Da mesma forma, massas de gordura podem se acumular fora dos adipócitos que não são removidos e, em seguida, ao degenerar, formam fibrose. Também aglomerados que contêm fibras de colágeno que, quando deslocadas, liberam a substância, endurecendo a pele ao redor.

Da mesma forma, o risco de fibrose é proporcional ao tamanho do corte e à quantidade de sangramento durante o procedimento. Da mesma forma, há pessoas que provavelmente curarão mais do que o necessário.

Para evitar esses efeitos colaterais, o ideal é seguir as indicações pós-operatórias do cirurgião, principalmente para descansar enquanto a pele se acostuma a seu novo volume.

Felizmente para muitos, atualmente existem vários tratamentos e procedimentos que, com o apoio dos cuidados pós-operatórios relevantes recomendados pelo seu cirurgião, ajudam na redução e até na cura absoluta da fibrose.

Logicamente, a determinação da melhor opção para cada caso varia de acordo com o tamanho da condição e a área corporal em que a cirurgia foi realizada. No entanto, as massagens, preferencialmente realizadas por profissionais, sempre serão uma norma universal.

• Aumento das nádegas.

O aumento das nádegas é uma das intervenções estéticas que gera mais satisfação nos pacientes, principalmente quando eles querem harmonizar seu corpo porque têm uma nádega plana ou pequena projetada e pedem conselhos para obter um volume de acordo com a figura.

Atualmente, existem três métodos para ganhar volume nessa área: aumento das nádegas sem próteses e com gordura própria (transferência de gordura); o aumento com implantes; e a técnica mista que combina os dois procedimentos.

Ao realizar uma cirurgia para aumentar as nádegas, os cirurgiões buscam regenerar a figura do paciente de maneira natural, ou seja, melhorar a aparência da nádega sem perceber que ela foi operada.

Este procedimento é realizado para:

-Aumente o volume das nádegas.

-Levante as nádegas caídas.

Corrija pequenas imperfeições, como "covinhas" e depressões.

-Perfeito para uma má distribuição de gordura nesta região anatômica.

-Assinar casos de celulite grave.

No caso de aumento das nádegas com implantes, é essencial que o cirurgião tenha experiência e selecione o tipo de prótese adequada para cada paciente. Como é colocado dentro do músculo, é necessário usar o plano cirúrgico correto para evitar resultados indesejados ao longo dos anos.

Por outro lado, o aumento das nádegas com gordura própria permite uma remodelação das costas inteiras do paciente. Assim, a técnica permite remover a gordura do quadril e da região do trocanter (os conhecidos "coldres") e usá-la para aumentar o volume da nádega e melhorar a aparência da sua pele. Desta forma, não apenas aumentamos a pele, mas também estilizamos a figura e alcançamos uma maior harmonia corporal.

· **Período pós-operatório.**

No final da cirurgia, o paciente deve estar na sala com a face para cima ou para os lados, evitando o posicionamento invertido que pode causar irritação do nervo ciático devido a secreções sanguíneas e edema (inflamação).

Os drenos são geralmente utilizados nas primeiras 48 horas, evitando coletas de sangue que podem irritar o nervo ciático e causar dor significativa no pós-operatório.

A partir do dia seguinte à cirurgia, o paciente pode fazer pequenos passeios para facilitar a acomodação da prótese e estender levemente os músculos que serão contraídos.

Já em casa, o paciente pode sentar, tomar banho e até sentar normalmente, embora seja muito importante evitar molhar a cicatriz enquanto estiver com o curativo. Depois de ir ao banheiro, é aconselhável limpar com água e sabão e, posteriormente, aplicar um anti-séptico na ferida.

Você pode dirigir após 10 dias e iniciar exercícios leves a partir do mês. Exercícios pesados, força muscular do glúteo e grande flexão do tronco devem ser evitados durante os primeiros dois meses para evitar que o espaço criado para a prótese glútea alargue a conta.

Após a intervenção, é conveniente dormir de bruços. Nos dias seguintes, evite sentar-se ou descansar diretamente nas nádegas. Os resultados são muito satisfatórios e visíveis desde o primeiro dia.

Os drenos serão removidos entre 24 e 72 horas após a intervenção, dependendo do grau de sangramento.

As suturas são removidas por volta do sétimo dia. Em seguida, um adesivo antialérgico é colocado nas cicatrizes que devem ser usadas por cerca de três semanas.

O curativo, se necessário, será removido dependendo dos casos entre o 2º e o 7º dia.

Os seguintes sintomas são normais após um aumento nas nádegas:

-Dor no sacro e nádegas. Esses desconfortos devem ser aliviados a partir do terceiro dia.

-Aumento leve da temperatura (até 38,3ºc) nas primeiras 48 horas.

-Que os tubos de drenagem estejam cheios de sangue ou soro.

- Pequeno sangramento e / ou secreção sero-sanguinolenta da cicatriz nas primeiras 48 horas.

-A presença de edema, que causa um aumento maior no volume das nádegas, que diminui progressivamente desaparecendo por volta do terceiro mês.

· Rinoplastia.

É a intervenção cirúrgica que visa modificar a aparência estética do nariz. Você pode aumentar ou diminuir seu tamanho ou alterar sua forma. Para isso, é necessário separar a pele do osso e da cartilagem para poder remodelar o nariz da maneira desejada.

Na intervenção, alguns problemas funcionais, como dificuldade em respirar, também podem ser corrigidos.

Em geral, existem dois tipos de intervenções; rinoplastia fechada (sem cicatriz externa) e rinoplastia aberta na qual haverá uma pequena cicatriz na parte inferior do nariz.

• Período pós-operatório.

Após a intervenção, um emplastro ou um pedaço de plástico ou metal é colocado no nariz para protegê-lo e ajudar a moldá-lo. É removido após dez dias.

Às vezes, as narinas estão entupidas para evitar sangramentos. O tamponamento é removido após 12 horas após a cirurgia.

Durante os primeiros dias, além do nariz, é comum formar edema e equimose (hematomas) nas maçãs do rosto e ao redor dos olhos. Algum sangramento é normal nas horas após a intervenção. Para pará-lo, é colocada uma gaze umedecida em peróxido de hidrogênio. Se o sangramento for excessivo ou não parar, consulte a equipe médica.

Às vezes é sofrida durante os primeiros dias de dor de cabeça, o cirurgião prescreve analgésicos.

Os óculos não podem ser usados até que sejam autorizados pelo cirurgião.

É necessário dormir de costas, com a cabeceira levemente elevada durante os primeiros dias. Dessa maneira, ajuda a drenar o edema e evita virar e apoiar o nariz no colchão ou travesseiro.

A pele deve ser protegida do sol durante as primeiras semanas.

Uma limpeza da pele (sobre o nariz) não deve ser feita até que seja autorizado pelo cirurgião. Tenha cuidado ao soprar durante os primeiros dias. Pode ser irritante e pode aparecer algum sangramento.

O período pós-operatório geralmente não é doloroso, mas pode ser um pouco chato.

• Lipoaspiração em Papada.

A cirurgia do contorno cervical, popularmente conhecida como lipoaspiração branquial, proporciona uma aparência mais suave e refinada da linha do pescoço e queixo. Melhorar um pescoço grosso, enrugado ou caído pode melhorar significativamente a aparência do paciente, fazendo-o parecer mais jovem e criando a sensação de que ele perdeu peso.

A melhoria do contorno do pescoço ajuda a restaurar o equilíbrio dos caracteres faciais, fornecendo uma linha da mandíbula melhor definida como uma moldura para o resto do rosto. Isso mesmo quando não combinado com outros procedimentos faciais.

A cirurgia do contorno do pescoço inclui vários procedimentos que podem ser usados independentemente ou associados a outras técnicas cirúrgicas faciais para atender às necessidades e aspirações de cada paciente.

É um procedimento relativamente rápido. Pode ser realizada sob anestesia local ou geral, dependendo das características e, às vezes, das preferências do paciente.

Uma ou duas pequenas incisões são feitas escondidas sob o queixo ou atrás das orelhas. Usando essas incisões, o cirurgião introduz pequenas cânulas de lipoaspiração através das quais você remove o excesso de gordura e esculpe um contorno natural e mais harmonioso do pescoço e queixo do paciente.

• Período pós-operatório.

-É um procedimento um pouco doloroso.

-Não requer entrada, você pode ir para casa no mesmo dia do procedimento.

-Depois do procedimento, os pacientes devem usar uma banda sobre a área tratada por 3-4 dias.

-Você pode voltar ao trabalho uma semana após a intervenção e o restante das atividades em duas semanas.

• Levantamento facial.

O termo inglês lifting, engloba uma ampla variedade de procedimentos e técnicas cirúrgicas. Tecnicamente, é conhecido como ritidectomia. Pode ser realizado no rosto, na frente e no pescoço. Em geral, a intervenção consiste em: descascar a pele de seus tecidos subjacentes, esticar e colocá-la em uma tensão e direção adequadas, eliminando a flacidez dos músculos, reduzindo as rugas proeminentes e removendo o excesso de pele.

A melhora e a duração dos efeitos dessa intervenção, dependem da experiência e habilidade do cirurgião plástico, também influenciam a qualidade e consistência da pele e a estrutura óssea e muscular da face.

• Período pós-operatório.

Nos primeiros dias, você poderá sentir desconforto e uma sensação de tensão ou aperto nas áreas intervenientes. Também é normal a sensação de "esmagamento" e perda de sensibilidade nas áreas próximas às cicatrizes. Gradualmente, essas sensações se normalizam.

Todas as suturas usadas para fechar as incisões são removidas progressivamente; As suturas da face são removidas aproximadamente a partir do sexto dia, enquanto as suturas do couro cabeludo podem permanecer mais longas. Pontos externos e grampos são usados.

A presença de edema e equimose nos tecidos durante os primeiros dias é normal.

As cicatrizes aparecem levemente avermelhadas por um período de tempo após a cirurgia, geralmente de 6 a 12 semanas. À medida que as cicatrizes evoluem, a vermelhidão diminui e as cicatrizes assumem uma cor semelhante à da pele circundante, até quase desaparecer.

Pode haver uma leve queda de cabelo na área das cicatrizes do couro cabeludo (lifting facial). Os problemas de cicatrizes e perda de cabelo são mais prováveis em fumantes (o tabaco dificulta a irrigação sanguínea na pele). Portanto, é muito importante parar de fumar pelo menos duas semanas antes da intervenção e duas semanas depois.

As áreas de fibrose podem aparecer, geralmente no pescoço ou sob o queixo, e essa fibrose está diminuindo gradualmente.

O sistema linfático facial é afetado em menor ou maior grau pelas incisões realizadas, pelo descamação da pele e pelas cicatrizes residuais. O dano do sistema linfático é parcialmente responsável pela persistência do edema pós - operatório.

Para dormir, você deve estar com a cabeceira elevada cerca de 30 graus e com o pescoço em posição neutra, sem flexão, extensão ou lateralização; isto é, olhando para frente.

Durante as primeiras semanas no facelift frontal; Como a temperatura não é bem percebida, deve-se tomar cuidado ao lavar e secar o cabelo e que há risco de queimadura.

• Bicectomia.

A bicectomia é uma técnica que está crescendo no setor de cirurgia plástica. O procedimento consiste na extração, por uma pequena intervenção cirúrgica, das chamadas bolas de Bichat, glândulas de tecido adiposo que são encontradas nas bochechas, logo abaixo das maçãs do rosto e completamente separadas de outros tecidos. Essas glândulas não cumprem nenhuma função específica em adultos, mas apenas contribuem com volume para a área, tornando o rosto mais arredondado, dependendo do tamanho e da forma do contorno facial da pessoa.

A bicectomia é indicada para pessoas magras, de qualquer sexo, com aspecto arredondado e indefinido da face, sem que isso se deva a uma possível obesidade ou excesso de peso. Também para pessoas que desejam ter uma face mais estilizada e angular, pois, removendo as bolas Bichat, é possível dar uma aparência mais fina à face, como resultado do afundamento da bochecha que acentua mais as maçãs do rosto.

A cirurgia é de natureza menor, uma vez que são cortes simples feitos no interior das bochechas e dos quais as bolas de Bichat são removidas. Não é uma intervenção complicada, dura pouco tempo, aproximadamente 40 minutos, e não precisa de muito cuidado, para que você possa retornar à rotina diária assim que sair do centro.

• Blefaroplastia.

A blefaroplastia é o conjunto de procedimentos cirúrgicos que corrigem alterações estéticas das pálpebras, como excesso de pele e músculo e bolsas de gordura.

Isso pode ser feito na pálpebra superior e na pálpebra inferior.

Geralmente é realizada com anestesia local mais sedação.

As cicatrizes resultantes, devido à sua situação e graças à pele das pálpebras, são muito finas; Eles são praticamente imperceptíveis.

• Pós-operatório.

O aparecimento de edema e equimoses (hematomas) nas áreas operadas e no tecido próximo é normal. Para ajudar a reduzir o edema, durante os primeiros dias você deve dormir com a cabeceira levantada.

Após a cirurgia, os curativos são colocados nas cicatrizes removidas a partir do sexto dia.

Durante os primeiros dias, você pode sentir uma sensação de aperto devido à presença de cicatrizes ou edema.

Pode parecer que a conjuntivite deve ser tratada pela equipe médica, geralmente prescrevendo alguns colírios.

A aplicação de colírios e pomadas para proteger o globo ocular pode causar visão turva por alguns dias.

O desconforto na área interveniente é normal, mas se aparecer dor, a equipe médica deve ser consultada.

A intervenção pode causar o aparecimento de olheiras devido ao acúmulo de líquido na pálpebra inferior. A drenagem linfática e o tempo os diminuirão.

Pode ocorrer durante os primeiros dias mais produção de lágrimas e também menos produção de lágrimas, exigindo o uso de colírios ou lágrimas artificiais.

A maquiagem dos olhos não deve ser feita durante os dias após a cirurgia, incluindo a aplicação de rímel nos cílios. Dependendo da evolução, o cirurgião plástico informará quando fazê-lo.

Tratamentos pós-operatórios mais comuns

Existem vários tratamentos pós-operatórios que foram desenvolvidos, abaixo de um breve resumo dos mais utilizados em todas as partes do mundo e que provaram ser suficientemente eficazes.

• Drenagem linfática manual.

É o método também chamado de sessões de massagem, mas a particularidade da drenagem linfática manual, ou DLM, como também é chamada, é que se baseia em estimular os ductos linfáticos, limpá-los, reverter a retenção de líquidos e melhorar as condições inflamatórias.

Aqueles que aplicam essa técnica devem não apenas ter o conhecimento teórico-prático de movimentos lentos, rítmicos, harmônicos e suaves na direção da corrente dos ductos linfáticos, mas também da intuição para determinar como tratar cada paciente.

Também é funcional para outros fins além da cirurgia estética pós-operatória: varizes, fibromialgia, acne, celulite, enxaqueca, dor de cabeça, vertigem, osteoartrite, artrite, hipertensão, hipotireoidismo, condições do sistema digestivo, ansiedade, estresse, edema pré-menstrual ou por gravidez, entre outros.

Com essa técnica, também é possível inibir nosso sistema nervoso simpático, responsável por alertar e se preparar para a ação, obter um estado de relaxamento e descanso ideal, funciona como analgésico e desintoxicante e estimula o sistema imunológico, muito conveniente para o processo de recuperação.

• Ultra-som.

O ultrassom é um mecanismo térmico e acústico que atua como uma micro-massagem de alta frequência nas áreas afetadas localizadas na pele, que pode ser traduzida como uma massagem celular e molecular, impossível de realizar apenas com o uso das mãos.

Para aplicar esse tratamento, é necessário o uso de géis anti-inflamatórios, vasodilatadores periféricos, entre outros, que previnem a presença de ar entre a cabeça do dispositivo e a pele e que, por sua vez, penetram na camada dérmica através da frequência ultrassônica.

Essa técnica faz mais do que corrigir superficialmente a fibrose, pois estimula a drenagem linfática, melhora a microcirculação das áreas tratadas, aumenta a permeabilidade da pele e otimiza o metabolismo adiposo. Também é usado contra celulite, varizes, tendinite e outros.

• GLP.

O nome derivado de seu inventor, Louis Paul Guitay (França), é uma técnica que consiste em três rolos motorizados que combinam movimentos ondulados em forma de espigões e oito para a estimulação integral dos tecidos da pele.

Seu principal uso é moldar o corpo e, em termos de fibrose, é ideal para corrigir os inchaços e minimizar as cicatrizes pós-lipoaspiração que podem afetar a aparência, além de eliminar a pele pendurada.

Da mesma forma, reorganiza a gordura que permanece dentro do corpo, obtendo melhores resultados do que aqueles que podem ser obtidos através de um descanso convencional e de forma mais acelerada.

Entre seus outros benefícios, melhora a circulação sanguínea e linfática (reduz a retenção de líquidos), tonifica, amacia e suaviza a pele (proporciona elasticidade), estimula a eliminação da gordura periférica (perda de volume e peso), trata a celulite (vascularização e expulsão de toxinas).

Agora, apesar de ser uma técnica muito avançada e que serve para moldar a figura, além de muitas outras aplicações, ela não substitui uma lipoaspiração, pois não elimina a gordura interna do corpo, mas pode ajudar a perder peso, sempre acompanhado por uma dieta saudável e exercício físico.

Outras aplicações são pernas cansadas, queimaduras, tensão e dor muscular, lesões esportivas, constipação, envelhecimento dos tecidos, regeneração da pele, entre outras, e de acordo com cada caso, são necessárias 12 a 16 sessões de aproximadamente 35 minutos cada.

• Carboxiterapia.

É uma técnica cujo uso principal é especialmente orientado para corrigir imperfeições pós-cirúrgicas de lipoaspiração ou lipoescultura e consiste em injetar doses controladas de dióxido de carbono (CO_2) em áreas localizadas onde há fibrose ou outro tipo de condição causada por algum procedimento.

Mesmo assim, ele mantém outras aplicações comuns nas técnicas acima mencionadas. Também é usado para combater estrias e celulite, gordura acumulada, gordura localizada, flacidez da pele e rejuvenescimento facial ou regeneração celular de tecidos.

Nesse sentido, alguns médicos recomendam sua aplicação exclusivamente para fins estéticos no rosto, para a contribuição do colágeno que impede o envelhecimento e reafirma os tecidos, tornando-o especialmente eficaz para as pessoas que deixaram de fumar.

É claro que existem outros tratamentos, como a corrente galvânica que destrói os tecidos danificados, estimulando a construção de novos, as ondas de choque que relaxam as células conectivas e regeneram as células, e o lipolaser que é uma alternativa à lipoaspiração pela luz laser.

O FIM DO TRABALHO É O INÍCIO DA SUA EXPERIÊNCIA.

Chegamos ao final deste trabalho e gostei muito de criá-lo, pensando que alguém pode atendê-lo. Para você que escolheu, eu quero tirar proveito disso e obter os melhores benefícios em seu planejamento e resultados. Tome cuidado, prepare-se, organize-se com consciência, mas acima de tudo esteja ciente de que você já é Único e Perfeito.

Eu agradeço que você me leu e que meu trabalho chegou às suas mãos.

Você verá as ferramentas que eu projetei para facilitar e tornar prático tudo o que você já aprendeu, para que você seja assistido em todos os momentos do processo e tenha-as em mãos nos momentos apropriados, imprima-as e guarde-as em uma pasta ou envelope para que não sejam danificados, sinta a tranqüilidade de que, passo a passo, você será orientado a atingir seu objetivo e não negligenciará nenhum detalhe.

Aproveite o processo e obrigado por estar lá para mim!

☑ Lista de Verificação 1		
	Nome do Cirurgião	
PARA DISCUTIR COM SEU CIRURGIÃO	Telefones de contato	
	Date provável da cirurgia	
1 mês antes da cirurgia	Hora	

	ANOTAÇÕES
Colocar doenças ou patologias anteriores	
Expectativas de Resultados	
Riscos e possíveis complicações	
Pós tratamentos cirúrgicos. Onde fazê-los?	
Cuidados especiais de acordo com a minha cirurgia	
Cuidados pré-operatórios recomendado pelo cirurgião	
Implantes	
Suportes pós-cirúrgicos especiais e elásticos	
Alimento	
Tempo de recuperação / retomada de atividades	
Exames e avaliações pré-operatórias	

Medicamentos que estou tomando	Medicamentos que NÃO devo consumir	Medicamentos que posso consumir

Observações adicionais: _______________________________________
____
____
____

☑ Lista de Verificação 2

Organização do pré-operatório

Date da cirugia

Hora

Verifique com o cirurgião na última consulta pré-operatória	Suprimentos para o Kit Doméstico para limpeza de feridas	Medicamentos naturais permitidos no pós operatório
☐ **Resultados dos testes e avaliações pré-operatórias** ☐ **Solicitar prescrição ou prescrição de tratamento pós operatório** ☐ **Diga ao cirurgião se eu terei o período menstrual no dia da cirurgia** ☐ __________	☐ Gaze estéril ☐ Iodo de povidona / substância anti-séptica ☐ Solução fisiológica ☐ Sabonete líquido antibacteriano ☐ Tesoura de ponta arredondada ☐ Papel absorvente ☐ Seringa ☐ Adesivo antialérgico ☐ Gel antibacteriano para as mãos ☐ __________	☐ Arnica nos glóbulos ☐ Centelha asiática ☐ Sedativo natural ☐ Laxante suave ☐ __________

Atividades durante a última semana antes da cirurgia

Lista de Compras	Atividades Adicionais
☐ Suportes pós-operatórios / elásticos especiais ☐ Artigos de higiene pessoal ☐ Toalhas molhadas de bebê ☐ Tratamento pós operatório ☐ Suprimentos caseiros para kits ☐ Medicamentos naturais ☐ Protetores de cama descartáveis ☐ Canudos plásticos (* PLUS 9) ☐ Travesseiros ☐ Almofada térmica ☐ Alimento ☐ Infusões ☐ Artigos de limpeza doméstica ☐ __________________	☐ Confirme com o acompanhante a cirurgia, a hora e o dia ☐ Limpe e organize a sala Tenha em mãos: ☐ Dispositivo de música ☐ Literaturas ☐ Revistas ☐ Filmes ☐ ____________ ☐ Organize um espaço confortável para colocar os medicamentos e o armário de remédios em casa ☐ Depilação

O dia antes da cirurgia	O dia da cirurgia

☐ Coloque lençóis e cobertores limpos na cama
☐ Coloque toalhas de banho limpas à mão
☐ Arrume as roupas que vou usar
☐ Organize a bolsa:
  ☐ Documentos pessoais
  ☐ Aparelhos para pós-cirurgia / elásticos
  ☐ Dinheiro, cartões débito / crédito, etc.
☐ Remova todas as jóias
☐ Leve travesseiro e cobertor no veículo
☐ Barbear
☐ Defina o alarme no momento apropriado
	☐ Tome banho e lave o corpo com sabão antibacteriano
	☐ Arrumar a cama
	☐ Deixe tudo pronto para a chegada

	Avaliação pós operatória dia e hora

☑ Lista de verificação 3

Caminhando pelo pós operatório

Primeiro atendimento pós-operatório a seguir os dias após a cirurgia

☑ Cumpra o tratamento pós-operatório dado pelo seu especialista à risca.
☑ Evite qualquer outro medicamento sem antes consultar o cirurgião.
☑ Em caso de desconforto ou alteração no curso normal do processo de recuperação, relate-o diretamente ao cirurgião ou sua equipe.
☑ Você deve ser ajudado a se levantar e ir para a cama. Evite esforços. Lembre-se do ¡Plus 7!
☑ Ande com ajuda desde os primeiros dias e evite períodos prolongados de quietude.
☑ No primeiro dia, especialmente, faça dieta líquida ou macia e continue com uma dieta equilibrada e com bastante líquido.
☑ Evite a exposição ao sol e ao calor. Você não deve cozinhar.
☑ Sempre use os suportes pós-operatórios especiais de acordo com as recomendações do cirurgião.
☑ Participe de controles médicos e tratamentos pós-operatórios.
☑ Não se incline, faça movimentos bruscos e exercícios fortes.
☑ Quando o médico indicar que você pode tomar um banho, faça-o com água morna e lave o corpo com sabonete líquido antibacteriano, seque muito bem, sem apertar a pele e cure imediatamente as curas de feridas de acordo com as recomendações do médico. Não coloque nenhum tipo de hidratante ou loção corporal nas áreas afetadas.
☑ Evite molhar as áreas afetadas fora do banho diário.
☑ Durma ou descanse semi-sentado com a cabeça levemente elevada, evitando posições laterais.
☑ Você não pode dirigir veículos.
☑ Você não deve fumar ou consumir bebidas alcoólicas.

Neste espaço, você pode colocar as recomendações adicionais dadas pelo seu cirurgião:
____
____
____
____
____
____
____
____

PLANEJAMENTO DE DESPESAS

Descrição	Totais
Consulta do Cirurgião Plástico	
Custo Geral da Cirurgia	
Exames pré-operatórios	
Avaliação pré-operatória	
Medicação pré-operatória	
Medicação Pós-Operatória	
Próteses	
Suportes elásticos pós-operatórios	

Tratamentos pós-operatórios

Descrição	Totais
Ultrassom	
Massagens	
Radiofrequência	
Drenagem linfática	

Várias compras

Descrição	Totais
Suprimentos do Kit Doméstico	
Medicamentos naturais permitidos	
Despesas com alimentação (dieta)	
Artigos de higiene pessoal	
Itens para uso pessoal	
Artigos de higiene pessoal	

Outros gastos

Total de Despesas Gerais	

CRONOGRAMA PARA TRATAMENTO PÓS-OPERATÓRIO

INSTRUÇÕES: Esta tabela foi projetada para 8 dias de tratamento a partir do mesmo dia da cirurgia. Geralmente, os medicamentos pós-operatórios são tomados a cada 8 e 12 horas; portanto, cada dia contém 3 divisões para 3 doses diárias. Na coluna MEDICAÇÃO, coloque o nome do medicamento e o número de doses diárias. Nas colunas diárias, coloque o
O tempo que corresponde a cada ingestão, conforme você a conclui, é riscado para confirmar que você a concluiu. Um exemplo de como fazer isso é dado na primeira classificação.

MEDICAÇÃO	DIA 1			DIA 2			DIA 3			DIA 4			DIA 5			DIA 6			DIA 7			DIA 8		
ANTI INFLAMATORIO 3 VEZES/DIA	06:00 AM X	02:00 PM X	10:00 PM																					